DE
L'IMPOT DIRECT SUR LE REVENU

DEUXIÈME PARTIE

COTÉ PRATIQUE DE LA QUESTION

Par M. ROCHARD

DE
L'IMPOT DIRECT SUR LE REVENU

DEUXIÈME PARTIE

COTÉ PRATIQUE DE LA QUESTION

Par M. ROCHARD

A Messieurs les Sénateurs, Messieurs les Députés.

———

Messieurs

Les nombreuses taxes que nous payons remontent haut dans notre histoire. Il faut bien reconnaître qu'elles ont été établies et développées sans préoccupation de la gêne et même des entraves qu'elles causent à la production.

La Révolution n'a apporté à ce système qu'une seule réforme. Réforme sérieuse incontestablement, mais insuffisante, elle a mis ces taxes à la charge de tous les citoyens; elles n'en sont pas moins restées mauvaises dans leurs bases et très-inégalement réparties, surtout celles que nous payons sous le nom de *contributions indirectes.*

Le temps est venu de les remplacer enfin par un nouveau système d'impôt répondant mieux à nos besoins sociaux. De tous les moyens proposés, l'établissement de l'impôt direct sur le revenu paraît le mieux fondé. Beaucoup cependant le repoussent encore, tout en le reconnaissant juste dans son principe, parce qu'ils le regardent comme étant d'une application régulière impossible.

Reconnu juste *en principe,* nous n'avons plus à le défendre à ce point de vue, et nous nous bornerons à en examiner le *côté pratique* en nous appuyant, le plus possible, sur des faits et des chiffres résultant de documents officiels, rendus publics par le gouvernement.

Pour développer cette question d'une manière complète, il faudrait avoir à sa disposition tous les documents officiels, et les coordonner en un gros volume. Il ne nous est pas possible de faire une telle œuvre, mais nous ne déposerons pas la plume sans traiter ce sujet avec assez de détails pour que notre travail puisse, tout au moins, servir de base bien définie à l'examen complet et concluant de cette grande réforme.

Avant d'entrer en matière, il est une objection souvent répétée qu'il convient de mettre à néant. On dit : en suivant cette voie, il va falloir augmenter encore le nombre des fonctionnaires déjà trop grand !

C'est le contraire qui est vrai.

Ainsi que nous l'établissons dans l'état (D) ci-joint, l'adoption de cette bienfaisante réforme rendrait à la production nationale une force de 12,900 hommes ; — De plus elle amènerait dans les dépenses du Trésor public une diminution de 60,000,000.

Les partisans de cet impôt, ceux qui en demandent l'application en France dans le plus bref délai possible, n'ont jamais eu la pensée d'imposer au pays une charge de plus, rôle que joue en Angleterre *l'income tax*. Non, telle n'est pas leur idée, il est bon de le dire dès le début de notre travail ; ce qu'ils veulent, nous l'avons déjà dit, c'est substituer cet impôt aux contributions directes et ABOLIR EN MÊME TEMPS TOUTES LES CONTRIBUTIONS INDIRECTES aujourd'hui perçues par l'administration du même nom. Contributions trop nombreuses, à bases trop diverses, généralement assises sans équité et même contrairement aux principes élémentaires d'une bonne économie politique ; contributions dont le recouvrement nécessite une nombreuse armée d'employés, impuissante cependant pour empêcher la fraude énorme qui, chaque année, enlève au trésor public les droits qui lui sont légitimement dus ; fraude énorme qui a pour conséquence l'élévation des tarifs ; l'augmentation des charges que supportent les contribuables honnêtes.

Ce but si désirable est-il d'une réalisation possible :

A raison de l'importance suffisante de la matière imposable ?

A raison des moyens de perception à adopter pour ne permettre ni arbitraire de la part de l'Etat, ni fraudes impunies de la part du contribuable ?

Telles sont les questions que nous allons examiner.

Le budget de 1877 que nous prenons pour base de notre

travail, fixe les recettes à 2,737,004,812. Ces recettes ne peuvent être diminuées pour le moment, chacun le proclame.

Parmi les ressources qui composent cette somme totale, nous avons établi, dans l'état (A) ci-joint, que celles dont on demande la suppression s'élèvent à 1,168,521,600

Et celles qui seraient maintenues, s'élèvent à 1,568,483,212

Total égal au budget. 2,737,004,812

Il s'agit donc de demander à l'impôt direct sur le revenu une somme égale aux suppressions ci-dessus, soit 1,168,521,600.

Avant de démontrer comment la réalisation d'un tel produit est facile et sûre, il convient d'arrêter un tarif, soit, par exemple, celui que voici :

1° Sur le revenu provenant de capitaux placés, soit en valeurs mobilières, soit en valeurs immobilières, exploitées ou non par leur propriétaire, 10 pour 100.

2° Sur le revenu provenant de l'exercice d'une profession, avec ou sans capital exploité, 6 pour 100.

Justifions tout de suite cette différence de cote.

M. A. Thiers a dit (1) :

« ..... L'œuvre universelle de la production, au moyen de laquelle l'homme existe et pourvoit à ses besoins, se compose de deux éléments : les capitaux, le travail.....

Quel est en général le rôle du capitaliste dans la société? C'est ordinairement celui d'un homme qui a travaillé, mais qui ne travaille plus; ou, plus ordinairement encore, celui d'un homme dont les pères ont autrefois travaillé et l'ont dispensé de travailler lui-même aujourd'hui..... Il prête ses capitaux à ceux qui n'ont pas acquis la faculté de se reposer.

..... Sans doute cet oisif fortuné n'en a pas moins des droits, car il faut respecter le travail dans celui même qui se repose (grâce à ses fruits légitimement acquis); il faut respecter le travail du père dans le capital du fils.....

..... Mais, il faut en convenir, il mérite à ce titre bien moins d'intérêt que l'homme industrieux qui paye actuellement son pain de ses sueurs. »

Ces considérations peuvent paraître suffisantes pour justifier

---

(1) Ces réflexions sont tirées d'une brochure, publiée par M. Thiers, en 1824.

notre proposition d'impôt à 10 pour 100 du revenu provenant de capitaux placés, et seulement à 6 pour 100 de celui provenant de l'exercice d'une profession. Ce ne sont pas cependant celles qui nous ont fait adopter ces chiffres. À notre point de vue le capital doit plus à la protection sociale que ne lui doit le travail; l'homme qui vit de son travail n'est redevable à la société qu'à raison de sa propre sécurité; le capitaliste lui doit, en outre, la conservation de sa fortune, acquise par lui ou par ses pères. Voilà pourquoi nous estimons, qu'à revenu égal, la société est en droit d'imposer une plus forte part dans les dépenses publiques au capitaliste, qu'au travailleur.

Ceci dit, continuons.

3° Sur les rentes viagères et pensions servies par l'Etat, à l'exception des rentes viagères constituées par le versement d'un capital réservé ou aliéné (caisse de la vieillesse), 6 pour 100.

4° Sur les intérêts produits par les cautionnements déposés au trésor public, 6 pour 100. (A raison du chiffre peu élevé des intérêts servis, 3 pour 100).

5° Dans un pays où le suffrage universel est établi, comme il n'est pas de droit sans devoir, tous les citoyens seraient tenus de payer cet impôt, chacun suivant son revenu. Cependant il est une exception qui nous paraît désirable, mais une seule; elle aurait pour objet la solde des militaires et marins en activité de service.

Il va sans dire que dans l'avenir, comme dans le passé, la loi respecterait l'indigence, par voie de dégrèvement.

6° Comme protection à donner directement à la famille, une remise de 1/20, par exemple, serait accordée par tête d'enfant mineur ou d'incapable à la charge de chaque contribuable dont le revenu imposable ne s'élèverait pas à 2,500 fr. par an.

En 1791, l'impôt foncier fut fixé au cinquième du revenu, soit à 20 pour 100. — Les besoins du Trésor public étaient grands alors et large fut la base adoptée; aujourd'hui nos besoins sont aussi grands qu'ils le furent à cette époque, le patriotisme des fils sera-t-il au-dessous de celui des pères? — Oui, à cet égard du moins, car l'impôt ici demandé s'élèverait seulement de 9 à 15 pour 100, en admettant que les centimes additionnels au profit des départements et des communes soient portés à 50 pour 100 du principal proposé. (Voir page 18, ci-après.)

Nous pensons que ces chiffres ne paraîtront pas exagérés à

raison du but proposé, l'abolition de 1,168,521,600 fr. d'impôts à raison surtout des exigences du budget.

Mais si ces chiffres ne sont pas trop élevés, sont-ils suffisants pour combler le déficit résultant de cette abolition ?

C'est ce que nous allons examiner.

Les statistiques les plus autorisées portent le revenu général annuel de la France de 18 à 22 milliards. Pour donner plus de force à notre conclusion dernière, acceptons ici le chiffre moyen de 20,000,000,000

Il résulte de l'état (B) ci-joint (état sur lequel nous avons détaillé les revenus imposables à 10, ou à 6 pour 100, et dont le chiffre peut être déterminé par documents authentiques à la disposition de nos administrations publiques, c'est-à-dire *sans le concours du contribuable*), un rendement certain s'élevant, savoir :

A 10 pour 100, 534,850,000 sur une valeur
imposable de   5,348,500,000

A 6 pour 100, 40,600,000 sur une valeur
imposable de   677,000,000

Totaux. . . 575,450,000   6,025,500,000

RÉSULTAT :

Si du chiffre total à trouver. 1,168,521,600
nous déduisons le rendement de l'état B. . . 575,450,000

Il reste à demander aux matières imposables qui ne figurent pas sur cet état, un rendement de   593,071,600

Or, nous avons une matière imposable, à 10 et à 6 pour 100, d'un chiffre moyen de . . . 20,000,000,000

Déduisant celles relevées état B (chiffre rond) 6,000,000,000

Il reste à imposer, à 10 et à 6 pour 100, un revenu de (1). 14,000,000,000

Lequel, fût-il imposable *en totalité* à 6 p. 100, donnerait, ci. 840,000,000

---

(1) Même sans imposer les rentes sur l'Etat, et sans tenir compte des divers articles portés pour mémoire dans l'état (B).

On pourrait donc demander à cet impôt un rendement annuel de 575,450,000 + 840,000,000 = 1,415,450,000 (1). Nous avons à lui demander beaucoup moins.

M. le Ministre des finances, la Commission du budget et aussi les deux Chambres ont reconnu que la *totalité des ressources énumérées au budget de* 1877, est nécessaire devant les besoins immenses qui pèsent sur nous.

« Dans ces conditions, a dit M. le Rapporteur, le budget (1877), « peut être voté, il doit même l'être avant d'aborder aucun pro-« blème économique. L'édifice est construit, on ne peut retran-« cher aucune pierre; si l'une d'elles est défectueuse, il pourra « convenir de la remplacer ultérieurement; pour le moment il « convient de ne rien ébranler. »

Sans aucun doute, M. le Rapporteur a raison, il convient de ne rien ébranler! Mais le nombre des pierres défectueuses est bien grand! comme le montrera, clair comme le jour, le premier coup de sape qui sera donné. C'est vouloir vivre d'illusions fatales que de songer à réparer ce vieil édifice qui s'effondre, dont les fondements sont si peu en rapport avec sa masse, dont la partie la plus lourde repose précisément sur le côté le plus faible de sa fondation. Reste d'un temps qui n'est plus, le moment de lui substituer un édifice nouveau, mieux en rapport avec notre société moderne, est arrivé; l'intérêt général le demande, l'équité le commande.

Depuis longtemps nous ne faisons que trop de crépissages coûteux et trompeurs !

Mais avec la réforme radicale qu'impose impérieusement l'état de l'édifice, la *possibilité* de faire produire à l'impôt proposé la somme nécessaire ne suffit pas, il faut en avoir la certitude.

Pour arriver à ce résultat, deux voies sont devant nous :

---

(1) D'après une statistique publiée dans le *Journal officiel* du 16 janvier 1877, les salaires des ouvriers attachés à l'industrie manufacturière s'élèvent à. . . . . 5 milliards.
Donnons le même chiffre aux salaires des ouvriers et employés attachés à l'industrie agricole (dont le nombre est plus grand), au commerce, aux banques, etc. ci. . . . . . . 5 »
Total. . 10 »

Pour arriver seulement à 14,000,000,000, il faudrait admettre que les bénéfices nets des commerçants, banquiers, industriels, etc., ne donnent qu'une valeur imposable de 4,000,000,000! — V. l'état B, *in fine*, relativement à l'industrie agricole.

L'impôt de quotité;

L'impôt de répartition.

Sur l'une, comme sur l'autre, nous sommes mieux placés pour atteindre le but désiré que ne le furent nos pères, alors qu'ils durent procéder à la laborieuse réorganisation des divers impôts perçus au moment de la Révolution de 1789. Faute de documents suffisants, ils furent obligés de conserver, sous des noms nouveaux, beaucoup d'anciens impôts ainsi venus jusqu'à nous; ils furent obligés, à défaut de cadastre, d'asseoir l'impôt foncier sous forme de répartition, plus facile mais moins juste que la forme dite de quotité. Nous disons plus facile, seulement en l'absence de documents certains pour asseoir l'impôt, ou de moyens de contrôle suffisants pour réprimer la fraude; nous disons moins juste, et nous le prouvons par ce seul fait : Après 86 ans, la conservation de cette base d'impôt a pour conséquence de faire payer aux uns le double de ce que paient les autres; c'est ainsi que dans le département de la Lozère, l'impôt foncier représente 6.09 pour 100 du revenu imposé, et dans le département de la Seine cette proportion ne donne plus que 3.05 p. 100. Ajoutons qu'avec la répartition adoptée le même contribuable figure sur le rôle de plusieurs communes, souvent pour des sommes minimes, circonstance qui augmente néanmoins le travail de confection et de recouvrement de ces rôles, et, comme conséquence, augmente aussi les frais de perception.

Nous, au contraire, nous avons en main le moyen de déterminer d'une *manière certaine* la moitié au moins du produit que nous devons demander à l'impôt sur le revenu; pour l'autre moitié nous avons de nombreux et puissants moyens de contrôle, tous authentiques :

Les contrats de mariage, les obligations hypothécaires, les ventes, les donations, les inventaires, les partages, les déclarations des successions, les actes de société; documents déjà relevés depuis 1866, sur le Répertoire général tenu par l'administration de l'enregistrement, au Compte ouvert pour chaque contribuable. Nous avons aussi l'inventaire, le partage, au moins la déclaration de la succession de l'imposé; sans compter tous les autres renseignements que nos divers services publics possèdent, ou sont en droit de prendre dans les dépôts publics, aux sièges des compagnies montées par actions; sans compter enfin les moyens nouveaux de contrôle que l'on mettra aux mains du Trésor public, le jour où l'on décrétera que désormais le droit de mutation par décès ne sera plus payé sur l'actif brut des successions, mais bien sur l'actif net. Alors, en effet, le détail du passif à déduire fera connaître un actif soumis à l'impôt sur le revenu au compte de chacun des créanciers indiqués ; ce qui sera en même temps une garantie de la sincérité des déclarations de successions.

A raison de tous ces précieux documents, qu'il est facile de grouper, nous pouvons, sans crainte, donner à l'impôt demandé la forme d'impôt de quotité, basé sur la déclaration du contribuable ; *surtout si la loi accorde au Trésor public, en cas de fraude régulièrement établie, action contre le fraudeur et ses héritiers ou ayants droit, comme cela existe déjà en matière de contravention aux lois sur le timbre ; si elle soumet cette action à la prescription trentenaire, comme cela existe pour les omissions de rentes sur l'Etat dans les déclarations de successions.*

Pourquoi les intérêts collectifs de la Société, ici représentée par le Trésor public, seraient-ils donc moins protégés par la loi, que ne le sont les intérêts privés? surtout quand il s'agit de lutter contre des fraudeurs, et contre ceux qui profitent de la fraude.

Du reste, cette base de la déclaration n'est pas nouvelle dans nos lois bursales, et, dans aucun cas, elle n'est entourée de moyens de contrôle, comme elle l'est ici. Aussi, loin d'être à redouter, non-seulement elle apparaît comme étant sans danger pour les intérêts du Trésor public, mais comme étant de nature à moraliser le contribuable, à le relever à ses propres yeux, comme faisant, en lui, appel à la loyauté du citoyen. Dans tous les cas, elle est certainement plus digne, de la part du Gouvernement, que ne l'est la pratique dont, en son nom, on abuse depuis si longtemps, et qui consiste, tantôt à augmenter les impôts indirects, tantôt à en créer de nouveaux, par la raison au moins singulière que ces impôts, étant payés par petites sommes, semblent moins lourds.

Semblent moins lourds, quand ils s'élèvent à plus de 700,000,000! ce semblant, fut-il pris réellement au sérieux par les contribuables, n'en constituerait-il pas moins une erreur, et convient-il au Gouvernement d'exploiter une erreur si grossière?

En définitive, ce n'est pas dans la déclaration qu'est le point défectueux, mais bien dans le défaut de contrôle. Or telle n'est pas notre situation, nous pensons l'avoir démontré. — Aussi, nous le répétons encore, à raison des moyens de contrôle que nous possédons, nous préférons l'impôt de *quotité* à l'impôt de *répartition*, d'autant plus que le premier l'emporte sur le deuxième au point de vue de l'équité, et aussi au point de vue du rendement progressif.

Avec l'impôt direct sur le revenu, établi par quotité, non-seulement la suppression de 1,168,521,600 francs est immédiatement possible, mais encore celle de 150,000,000 francs, produits par l'impôt du timbre, si gênant, et si onéreux pour nos transactions commerciales, soit un total de. . . . . 1,324,500,600 fr.

Nous avons établi ci-dessus que l'on peut demander à cet impôt, tel que nous le proposons, un rendement certain de (575.450,000 plus 840,000,000). . . . . 1,415,450,000 fr.

Soit un excédant de. . . . . 90,949,400 fr.

Plus nous étudions cette question, plus nous sommes convaincu qu'avant peu nous pourrions certainement obtenir ce rendement de 1,415,450,000 francs, tout en abaissant considérablement le tarif que nous proposons d'adopter au début de la mesure.

Mais il s'agit de vaincre les opposants en leur donnant la pleine certitude qu'avec l'impôt proposé la réalisation des ressources nécessaires pour faire face aux dépenses publiques, aujourd'hui jugées indispensables, est incontestablement assurée. Au point de vue de la matière imposable, nous pensons avoir établi qu'elle est plus que suffisante pour produire la somme égale au rendement des impôts à supprimer immédiatement et en totalité (1). Reste à prouver que cette somme peut être recouvrée sans inquisition, sans vexation de la part de l'Etat ; sans que, de la part du contribuable, on puisse craindre une fraude sérieuse, longtemps impunie. — Dans ce but nous n'avons qu'à donner, à la taxe proposée, la forme de l'*Impôt de répartition*. L'expérience nous fera revenir bientôt à l'impôt de quotité.

---

(1) L'équité ne serait pas satisfaite par une suppression partielle d'impôts qui pèsent si inégalement sur le pays, elle ne le serait pas davantage par la diminution de leur quotité ; de plus ces demi-mesures ne permettraient pas la sérieuse diminution dans les dépenses publiques, que donnerait incontestablement l'adoption de la réforme ici proposée.

En Angleterre et en Amérique, on a adopté, pour base, la déclaration pure et simple du contribuable ; bien que, dans ces deux pays, les moyens de contrôle dont nous disposons fassent complètement défaut.

En Prusse, on a repoussé le système de la déclaration faite par le contribuable, et le classement de l'impôt est confié, dans chaque cercle, à des commissions composées, pour un tiers, des membres de l'Assemblée du cercle et, pour les deux autres tiers, des contribuables sujets à l'impôt du revenu.

En Autriche, on n'admet pas la déclaration.

En Bavière, la déclaration par le contribuable est acceptée presque sans contrôle.

En Saxe-Weimar, co-existent le système de la déclaration et de l'appréciation par commissions choisies par l'Etat.

Nous arrêterons là cette revue dans les pays voisins ou éloignés ; partout on va, plus ou moins, mais toujours, de l'absence de contrôle, à l'omnipotence de l'Etat. Nous qui pouvons mieux faire, à raison des nombreux documents officiels dont nous disposons, des mesures légales qui nous régissent, nous n'avons rien fait encore !

Voici les mesures que nous avons l'honneur de soumettre à votre examen, pour prévenir toute pression de la part du Gouvernement, pour prévenir ou réprimer la fraude de la part de l'imposé.

Admettons que l'Etat demande à l'impôt proposé le chiffre de 1,200,000,000 ; la loi fixerait en conséquence le contingent de chaque département.

Chaque année, le Conseil général arrêterait la répartition par commune.

Dans chaque commune il serait élu, au suffrage universel, un Syndicat de répartition, savoir : pour une population

de 3,000 âmes et au-dessous ;	2	syndics-répartiteurs.
de 3,000 à 6,000	5	id.
de 6,001 à 10,000	8	id.
de 10,001 à 20,000	14	id.
au delà de 20,000	1 synd. par chaque 2,000.	

Quand le chiffre de la population l'exigerait, ces Syndics-répartiteurs seraient divisés en sections. Chaque section serait présidée par le maire, ou son délégué pris parmi les adjoints et les conseillers municipaux ; elle serait assistée d'un employé de l'Administration de l'impôt direct sur le revenu, qui aurait seulement voix consultative et droit d'observation.

Chaque contribuable ferait sa déclaration de revenu au syndicat de la circonscription de son domicile, chargé d'en arrêter le chiffre contradictoirement avec lui.

Le contribuable et le représentant de l'administration pourraient appeler de la décision du syndicat de répartition, en premier ressort au Conseil municipal, en dernier ressort au Conseil général.

Pour se convaincre de la facilité, et en même temps de la sûreté, avec laquelle pourraient fonctionner ces syndicats de répartition, il suffit de se rappeler ce qu'est la division administrative du pays. Nous comptons aujourd'hui en France :

Communes dont la population est au-dessous de 1,000 habitants 28,199

Communes dont la population est de 1,001 à 4,000. 11,710

Communes dont la population est de 4,001 à 5,000. 249
____
40,158

Communes dont la population est de 5,000 à 10,000 . . . . 309)
Communes dont la population est de 10,001 à 20,000, ... 108) 417

Communes dont la population est de 20,001 et au dessus, ... 73
____
40,648

Dans les 40,158 communes, dont la population est au-dessous de 5,000, chacun est connu de ses voisins et les syndics-répartiteurs, à de rares exceptions près, jugeraient en parfaite connaissance de cause. Dans les 417 communes dont la population s'élève de 5,000 à 20,000, il est évident qu'en multipliant un peu plus ces syndicats de répartition on arriverait au même résultat, tout aussi rapidement. Dans les 73 communes restant, l'organisation de ces syndicats présenterait peut-être, parfois, plus de difficulté, mais, à coup sûr, jamais d'impossibilité.

Prenons Paris, avec ses 20 arrondissements et ses 80 quartiers. Chaque quartier étant divisé en 3 ou 4 syndicats de répar-

tition, on comprendra, pensons-nous, avec quelle connaissance
de cause les déclarations des contribuables pourraient être ap-
préciées ; surtout si les syndics-répartiteurs et l'administration,
s'inspirant du véritable intérêt du Trésor public, prenaient pour
règle de conduite que la fraude, régulièrement constatée, doit
être sévèrement punie, mais que, dans le doute, les questions
d'impôt doivent toujours être résolues en faveur du contribuable.
— Pour être respectée comme elle est en droit de l'être dans un
pays libre, l'administration publique doit non-seulement se pla-
cer sur le terrain du droit, mais aussi sur celui de l'équité ;
quand les circonstances atténuantes sont chaque jour accordées
aux criminels, peuvent-elles être refusées aux contribuables ?
L'équité, la raison et l'intérêt du Trésor sagement entendus nous
paraissent répondre victorieusement en faveur du contribuable.

L'impôt direct sur le revenu serait payable au bureau de
recette dans le ressort duquel serait fixé le domicile du contribuable.

Dans les communes très-éloignées du chef-lieu de perception,
les contrôleurs-receveurs se rendraient en recouvrement à jours
fixes ; — mais la facilité des communications, qui existe généralement en France, et aussi l'usage généralement répandu de se
rendre au chef-lieu du canton pour les foires, les marchés et autres affaires, permettent de poser, en principe, le payement de
l'impôt au siége du bureau de perception.

Cette obligation en effet ne serait rien pour nos paysans, dé-
barrassés désormais des entraves qu'ils rencontrent aujourd'hui
dans les formalités exigées par la perception des contributions
indirectes et des droits d'octrois.

En cas de non déclaration par le contribuable, son domicile légal serait fixé au lieu de sa dernière résidence en France.

En cas de changement de domicile après la déclaration, le
contribuable aurait le choix : ou de se libérer du solde de son
impôt annuel dû au moment de son départ, ou de faire une déclaration de changement de domicile (sous peine à édicter), au
bureau de son inscription au rôle ; en cas d'option pour la déclaration, il pourrait valablement s'acquitter du montant de sa
cote au bureau de recette de son nouveau domicile, dans les dé-
lais fixés par la loi.

Tout propriétaire devrait exiger de ses locataires nouveaux
la justification de leur libération pour les termes de l'impôt échus

avant leur prise de possession de l'immeuble loué, sous peine d'être responsable des impôts arriérés (1).

Comme les propriétaires à l'égard de leurs locataires, et sous la même peine, tout individu ayant à son service un ou plusieurs salariés, à quelque titre que ce soit, devrait à leur entrée chez lui et à leur sortie, exiger la même justification.

Tout contribuable faisant sa déclaration annuelle à un nouveau domicile, devrait (sous peine à édicter), justifier du paiement de l'impôt de l'année antérieure.

Pour la perception de l'impôt, le revenu légal des capitaux imposés, serait fixé à 5 pour 100, quand ce revenu ne serait pas authentiquement déterminé.

Une déduction de 1/20 serait accordée à tout contribuable dont la cote serait établie sur un revenu annuel inférieur à 2,500 francs, par chaque tête d'enfant mineur ou d'incapable à sa charge.

La cote de chaque contribuable marié serait établie sur les revenus réunis de chacun des conjoints; de même que celle d'un chef de famille comprendrait aussi les revenus de ses enfants mineurs. — Cependant, tout mineur habitant hors le domicile paternel, serait imposé sous une cote particulière, à raison de son revenu personnel et indépendant.

Pour tous les imposés, le revenu réalisé pendant la dernière année écoulée servirait de base pour la perception de l'impôt de l'année suivante.

En cas de fraude régulièrement constatée, il serait dû à titre d'amende un droit double du droit frustré. Ce double droit, ainsi que les amendes encourues pour contraventions aux dispositions de la loi établissant l'impôt direct sur le revenu et en réglant le recouvrement, seraient soumis à la prescription trentenaire, et seraient exigés du contrevenant ou, en cas de mort, de ses ayants droit (2).

En cas de récidive, le contrevenant serait, en outre, privé de ses droits politiques, mais cette peine ne pourrait pas excéder cinq ans.

---

(1) Complément de l'obligation qui existe aujourd'hui pour lui, sous la même peine, au moment de la sortie de ses locataires. C'est donc là une simple obligation légale établie depuis longtemps, sans inconvénient.

(2) Ce délai de prescription est celui déjà adopté en cas d'omission de rente sur l'État dans des déclarations de succession; cette solidarité est celle déjà établie en matière de contravention aux lois sur le timbre, ne l'oublions pas.

La décision prononçant cette pénalité pourrait être affichée pendant un mois à la porte de la mairie du domicile du contrevenant, ou publiée dans le journal de l'arrondissement, si cette mesure était ordonnée par le syndicat-répartiteur d'office, ou sur la demande de l'Administration.

L'administration chargée de l'assiette et du recouvrement de cet impôt, prendrait le nom de : Administration de l'impôt direct et de l'enregistrement (V. l'État D in fine).

La marche à donner aux travaux nécessités par cette répartition paraît simple et facile, même pour la première année :

1° Dans chaque mairie serait dressée la liste des imposables domiciliés dans la commune. — Les vérificateurs-contrôleurs prépareraient une Matrice provisoire du rôle, au moyen des documents relevés sur le Répertoire général (1). — Les contribuables seraient appelés à élire les syndics-répartiteurs ;

2° Les syndicats seraient organisés par section et les contribuables appelés à faire leur déclaration dans un délai de.... (sous peine à déterminer). — Le revenu déclaré serait contradictoirement arrêté ; en cas d'appel, mention en serait faite, ainsi que des motifs. — La répartition de l'impôt serait établie au marc le franc, en prenant pour base : d'un côté le contingent de la commune, d'un autre côté le revenu vrai total admis par le syndicat.

3° Le délai fixé pour faire les déclarations une fois expiré, la matrice provisoire serait remise à la direction, où le rôle serait établi (2).

Pour les appels, il serait procédé comme le fait aujourd'hui

---

(1) Au préalable, chaque compte, figurant sur ce Répertoire général, serait complété au bureau du domicile de l'imposé, au moyen des documents qui sont aujourd'hui à la disposition de nos divers services publics.

(2) Voir, *in fine*, l'état C, présentant un aperçu de ce que pourrait être le rôle.

Aujourd'hui il faut chaque année former la matrice du rôle et le rôle :

    Des patentes,
    De la contribution foncière, des portes et fenêtres,
    De la contribution mobilière,
    Puis :
    Des chevaux et voitures,
    Des prestations, etc., etc.

Désormais une matrice et un rôle suffiraient, les centimes additionnels étant appelés à remplacer toutes les contributions communales et départementales.

Quelle simplification ! quelle **économie de temps et d'argent !**.....

l'Administration des contributions directes, en cas de réclama-
tion reconnue vraie après la publication du rôle.

L'adoption de l'impôt direct sur le revenu, assis sur les bases
que nous venons d'exposer, permettrait non-seulement la suppression *immédiate* et *complète* des impôts indirects, elle procu-
rerait aussi au Trésor public une diminution de dépense de plus
de 60,000,000 francs (1) ; elle doterait le pays d'une meilleure
répartition des charges publiques, et rendrait la vie plus facile,
par suite de l'abolition totale des droits spéciaux portant sur les
objets de consommation.

Là ne s'arrêteraient pas les avantages qu'une telle réforme
peut procurer. En outre des *Droits réunis* qui enfin disparaî-
traient réellement, nous pourrions aussi faire disparaître un autre vieux reste barbare de nos douanes intérieures, nous vou-
lons parler des droits d'Octroi.

Rien ne serait plus facile, en effet, que d'arriver à cette suppression ; il suffirait de les remplacer par des centimes additionnels au principal de l'impôt sur le revenu.

Par cette mesure on arriverait, enfin, d'une manière indirecte,
mais vraie, à réaliser ce que l'on cherche vainement depuis longtemps : Appliquer un système de droits d'octroi, frappant la matière imposée *ad valorem* ; — Le confortable de la table de chaque contribuable, de sa vie de ménage, nous devons le reconnaître,
étant généralement en rapport avec le revenu dont il jouit.

Aujourd'hui les centimes additionnels produisent :

Pour les départements. . . .	144,000,000	}	287,000,000
Pour les communes.	143,000,000		
En fixant désormais, à 50 pour 100, ceux dont nous proposons l'application, on aurait par an			600,000,000
Différence en plus			313,000,000
Ces centimes seraient recouvrés par l'Eat, en même temps que le principal, moyennant une re- mise de 10 pour 100 pour frais de régie et de perception, ci			60,000,000
Resterait			253,000,000

---

(1) Voir l'état D, *in fine*.

pour remplacer les droits d'octroi dont nous proposons l'abolition complète; c'est à peu près la somme nette qu'ils donnent chaque année aux caisses communales.

L'impôt représenterait donc les résultats suivants :

Maximum principal et cent. addit. 10, $+$ 5 $=$ 15 p. 100 des revenus.
Minimum   —   6, $+$ 3 $=$ 9 p. 100   —
Moyenne   —   15, $+$ 9 $=$ 12 p. 100   —

2

RÉSUMÉ.

La déclaration du contribuable directement faite à ses élus, voilà la large base que nous proposons.

La répression de la fraude seulement au moyen de documents authentiques ; — pénalités frappant le contrevenant :

Dans ses intérêts matériels, conformément aux dispositions pénales édictées déjà par les lois en vigueur ;

Dans sa considération, par une pénalité nouvelle, purement morale, lui rappelant ses devoirs de citoyen.

Comment trouver dans de telles mesures la moindre trace d'inquisition et d'arbitraire?

D'un autre côté, comment redouter des fraudes sérieuses, non frappées, plus ou moins tôt, d'une juste répression, quand la loi placerait le contribuable entre l'action de syndicats opérant dans un centre bien connu d'eux, et celle de l'administration armée de documents de contrôle si nombreux et si puissants? Une telle crainte n'est évidemment pas fondée, pour la généralité des cas.

Enfin, il est facile de reconnaître que, parmi les impôts dont nous proposons l'abolition, il n'en est pas un ayant une base aussi juste, aussi bien justifiée au point de vue économique, et en même temps aussi sûre au point de vue de son recouvrement.

Telles sont les bases principales du système que nous préconisons.

Sans doute ce système n'est **pas** parfait, mais est-il supérieur à l'état actuel des choses ? Telle est la question dont les intérêts du pays demandent un sérieux examen.

Est-il possible de répondre non, quand il s'agit de faire disparaître enfin ces nombreux impôts, dont les uns sont d'un chiffre plus élevé que la valeur de la matière imposée (1), dont l'un va même jusqu'à imposer l'air et le jour dont nous jouissons à notre foyer (2) ; quand d'autres frappent également le millionnaire et le journalier (3), d'autres frappent plus lourdement le père de famille que le célibataire (4) ; alors que le plus important, l'impôt foncier, fait payer là, le double de ce qu'il demande ici (5) ; quand il en est tant et tant qui nous arrêtent à chaque pas par les formalités, sans nombre, qu'entraîne leur perception (6) ; quand, enfin, un tel système, sans arriver à empêcher une fraude énorme qui vient chaque jour enlever au Trésor les ressources qui lui sont nécessaires, prive la production nationale d'une force de 23,000 hommes, employé à sa mise en action (7).

Est-il possible de répondre, non ? Nous espérons que telle ne sera pas votre manière de voir, car, vous le savez, les monstruosités économiques que nous venons de rappeler ne sont pas les seules qui naissent de notre système d'impôt actuel.

Voici un tableau comparatif que nous avons trouvé dans une brochure publiée, en 1876, par une réunion de propriétaires et d'industriels du département du Nord. Il est de nature à prouver, mieux que de longs discours, les conséquences... singulières, soyons plus vrai, et disons : les conséquences regrettables de notre système de contributions indirectes.

Il a pour objet un fait qui se reproduit tous les jours parmi nous, il s'agit de deux noces faites le même jour, dans la même ville, l'une et l'autre réunissant 30 convives :

---

(1) Droits sur le sel, les vins, les eaux-de-vie, etc.
(2) L'impôt des portes et fenêtres.
(3) La cote personnelle, une pour tous, dans chaque département.
(4) L'impôt mobilier portant sur le chiffre du loyer payé par l'imposé.
(5) Voir page 9.
(6) Pour les impôts de consommation en général, et les octrois en particulier.
(7) Voir *in fine*, l'état D.

PREMIÈRE NOCE.

Tableau des droits que paye le marié qui fait faire dans sa famille un dîner à 30 amis, en prenant sur les provisions de la maison.

Pain, Viande, Légumes, Dessert.

(Pour mémoire, mêmes droits).

	Prix.		Droits compris dans les prix.
7 bouteilles de vin à 3 francs.	21	Droits ordinaires	» 85
18 — à 4 —	72	(sans octroi)	
5 — à 5 —	25		
1/2 kilogr. de café à 6 —	3 »	. . . .	» 70
Chicorée..	» 5	. . . .	» 02 1/2
Sucre 1 kilog.	2 »	. . . .	» 75
2 litres cognac et liqueurs . . .	20 »	. . . .	1 40
100 Londrès (25 fr.).	» »	droits ?	» »
Allumettes et bougies, 2 boîtes.	» 25	. . . .	» 10
Huile, vinaigre, sel.	» 45	. . . .	» 05
Gaz.	3 »	. . . .	» »
Cartes	1 50	. . . .	» 75
5 voitures, à 6 places, impôt, ann., 30 fr. par voit., soit 150 fr., donc pour 24 heures.	» »	. . . .	» 41 1/2
	148 05		5 03

Proportion des contributions indirectes 3 1/4 p. 100.

DEUXIÉME NOCE.

Tableau des droits que paye le marié qui fait faire un dîner à 30 amis, fournitures prises chez le débitant.

Pain, Viande, Légumes, Dessert.

(Pour mémoire, mêmes droits).

	Prix.		Droits compris dans les prix.
15 bouteilles de vin à 1 fr..	15 »	. . . .	3 »
15 bouteilles de vin à 1 fr. 50.	22 50	. . . .	4 50
Café, 1/4 de kilog. 6 »	1 50	. . . .	» 35
Chicorée, 1/4 » 85	» 25	. . . .	» 07 1/2
Sucre, 1 kilog.	1 70	. . . .	» 75
2 litres eau-de-vie, genièvre	2 50	. . . .	1 56
100 cigares (5 fr.).	» »	droits?	» »
Bière, 10 litres	2 »	. . . .	» 30
Allumettes, 2 boîtes. . . . . . . , . .	» 20	. . . .	» 10
Huile, vinaigre, sel	» 45	. . . .	» 05
Pétrole, éclairage	2 »	. . . .	1 20
Cartes.	1 »	. . . .	» 75
Omnibus particulier, pour 30 places, droit 3 fr., plus 2 dixièmes à 60 c. Quittance 10 c. Soit.	» »	. . . .	3 70
	49 10		16 33

Proportion des contributions indirectes 34 p. 100.

Pour le premier, une charge insignifiante; pour le deuxième une charge de 34 pour 100 de sa dépense! — La très-grande majorité des contribuables a donc intérêt à voir adopter la réforme que nous venons de préciser.

Nous sommes, et nous serons longtemps encore! impuissants à pouvoir donner à chacun suivant ses besoins, mais en adoptant la réforme que nous préconisons, au moins le pays ne demanderait plus à chacun, qu'une part, dans les charges publiques, proportionnée à la matière imposable dont il jouit. Ce serait un grand acte de justice.

Nous allons maintenant appeler votre bienveillante attention sur d'autres réformes relatives aux droits d'enregistrement, et réclamées aussi depuis longtemps.

Elles ont pour but :

1° D'assurer le recouvrement complet des droits de mutations immobilières, sur lesquels la fraude enlève chaque année au Trésor plus de 30,000,000, (c'est le chiffre accusé par le Ministre des finances) en mettant en harmonie, avec les mesures qui précèdent, la base de perception de ces droits.

2° De réduire considérablement le travail matériel des receveurs et des employés supérieurs;

Nous commencerons par examiner, à ce double point de vue, la question depuis si longtemps soulevée, de la perception du droit de mutation par décès sur l'actif net des successions. Réforme jusqu'à ce jour repoussée à raison de la diminution des recettes qui en résulterait, alors que cette diminution, qui est incontestable, peut être plus que comblée, *sans la moindre augmentation dans les tarifs*, mais simplement par l'adoption de certaines mesures propres à détruire la fraude en cette matière, MÊME DANS SA RAISON D'ÊTRE.

Nous sommes avec respect,

Messieurs,

Votre très-humble concitoyen,
ROCHARD.

ÉTAT A.

BUDGET DES RECETTES DE 1877	RECETTES	
NATURE DES RECETTES	A ANNULER	A CONSERVER
CONTRIBUTIONS DIRECTES *Fonds généraux*		
Impôt sur le revenu..........	»	MÉMOIRE
Contribution foncière..........	172.400.000	»
— personnelle et mobilière.	58.500.000	»
— des portes et fenêtres. .	40.764.000	»
Patentes.....................	115.938.400	»
Taxe de premier avertissement (fonds généraux)...............	»	579.000
Taxes assimilées à la contrib. directe :		
Taxe sur les biens de main-morte. . .	»	4.975.000
Redevances des mines...........	»	3.300.000
Droits de vérification des poids et mesures....................	»	3.442.000
Droits de vente des pharmacies et drogueries..................	»	235.000
Taxe sur les cercles............	»	1.370.000
Contribution sur les chevaux et voitures.	9.999.600	»
— sur les billards. ., ...	970.000	»
TOTAUX. ...	398.569.000	13.701.000
Enregistrement, timbre et domaine. Comme au budget, provisoirement.	»	634.605.451
Produits des forêts. Comme au budget.........	»	38.548.680
Douanes. Comme au budget, provisoirement, mais avec la suppression de l'impôt sur le sel, à..........	21.406.800	246.859.000
Contributions indirectes. Suppression totale à la seule exception de la vente des tabacs et poudres.................	742.869.800	326.424.000
Poste et télégraphie privée. Comme au budget : Postes......	»	116.126.000
— Télégraphie. ..	»	16.600.000
TOTAUX. ...	»	132.726.000

	RECETTES	
	A SUPPRIMER	A CONSERVER
REVENUS DIVERS.		
3 p, 100 sur le revenu des sociétés par actions, et commandites,.	35.676.000	»
Produits universitaires.	»	4.471.660
Produits et revenus de l'Algérie. .	»	24.483.400
Produits et revenus affectés aux pensions civiles.	»	18.044.000
Totaux. . . .	35.676.000	46.999.060
PRODUITS DIVERS.		
Comme au budget.	»	56.249.344
RESSOURCES EXTRAORDINAIRES.		
Comme au budget	»	72.960.680

	A SUPPRIMER	A CONSERVER
RÉCAPITULATION.		
Taxes et contributions directes. .	398.569.000	13.701.000
Enregistrement, timbre et domaine.	»	634.005.454
Forêts.	»	38.548.680
Douanes.	21.406.800	246.859.000
Contributions indirectes.	742.869.800	»
Tabacs et poudres.	»	326.424.000
Postes et télégraphie	»	132.726.000
Revenus divers (moins le 3 p. 100 sur le revenu des sociétés). . .	35.676.000	46.999.060
Produits divers.	»	56.249.344
Ressources extraordinaires. . . .	»	72.960.680
	1.168.521.600	1.568.483.212
Total égal au budget de 1877. .	2.737.004.842	

La somme à demander à l'impôt sur le revenu est donc uniquement de 1,168,521,600 fr. Soit, en chiffre rond, 1,169,000,000 fr.

Ce chiffre, maintenant précisé, nous allons examiner à quelles matières imposables il peut être demandé, et comment il peut l'être sans arbitraire et sûrement.

— ÉTAT B. —

Ce relevé est très-probablement incomplet comme nomenclature, il l'est pour certains chiffres que nous avons portés pour *Mémoire*. Mais tel que le voici, il ne donne pas moins une matière imposable produisant un impôt de 575,450,000.

DÉSIGNATION DES VALEURS	MONTANT DES REVENUS SOUMIS A L'IMPOT DE		OBSERVATIONS
	10 pour 100	6 pour 100	
Rentes viagères et pensions servies par l'Etat, autres que celles provenant de dépôts de capitaux aliénés ou réservés, — pour les rentes viagères de cette dernière espèce.	8.500.000	112.000.000	
Traitement net des salariés par l'Etat.	»	260.000.000	
Intérêts de cautionnements déposés au Trésor.	»	9.000.000	
(1) Intérêts et dividendes servis par les Compagnies et Sociétés montées en actions, ou avec commandite simple.	1.200.000.000	»	
(2) Traitements des gouverneurs, directeurs, gérants et employés divers de ces mêmes sociétés	»	260.000.000	
(3) Intérêt légal à 5 p. 100 des capitaux engagés dans les sociétés en nom collectif. .	125.000.000	»	
(4) Charges et offices : intérêt du prix.	15.000.000	»	
— honoraires excédant le 5 p. 100 du prix. .	»	36.000.000	
(5) Revenu des immeubles imposés à la contribution foncière.	4.000.000.000	»	
Revenu des créances hypothécaires	Mémoire	»	
Rentes sur l'Etat français (747,500,000).	—	»	
Rentes sur les Etats étrangers (Mémoire).	—	»	
(1.) Rentes sur compagnies d'assurances sur la vie. . . .	—	»	
Rentes des emprunts des villes et des départements. . . .	—	»	
Rentes des bons du Trésor (38,000,000).	—	»	
Rentes des dépôts aux caisses d'épargne.	—	»	
	5.348.5004.00	677.000.000	
	6.025.500.000		

DROITS :

A 10 p. 100 sur 5.348.500.000 ci. 534.850.000
A 6 p. 100 sur 677.000.000 ci. 40.600.000

Total. 575.450.000

Sans imposer les rentes sur l'État.

N. B. En ce qui concerne l'imposition des rentes sur l'Etat, nous ne dissimulons pas que c'est une mesure qui nous paraîtrait justifiée par l'abolition de tous les impôts indirects que paient aujourd'hui les rentiers et qu'ils ne paieraient plus désormais ; mais pour imposer les rentes sur l'Etat français, il faut aussi imposer celles sur les Etats étrangers d'une manière efficace, et pour cela des conventions internationales nous paraissent nécessaires. Provisoirement nous les laissons de côté.

OBSERVATIONS

(1) Les compagnies et sociétés montées par actions, celles en commandites simples et celles en nom collectif seraient imposées : comme *Personne légale* en ce qui concerne leur capital imposable ; comme *Mandataire légal* en ce qui concerne les intérêts servis à leurs obligataires, les bénéfices revenant à chaque associé, les salaires revenant à chacun de leurs employés et ouvriers.

(2) Ce chiffre se compose : des traitements fixes, des remises et parts de bénéfices revenant aux employés ; nous ne pensons pas en exagérer le produit en l'évaluant à celui de même nature porté ci-dessus pour les traitements payés par l'Etat.

(3) Ce capital, d'après un travail récent, resté sans suite, s'élève :
A Paris à 1.000.000.000
En province à . . . 1.500.000.000

Ensemble. . . 2.500.000.000
Dont l'intérêt à 5 p. 100 est de 125.000.000

(4) Aux prix auxquels sont montées les charges de notaire, d'agent de change, et aussi ceux de certains greffes, nous pensons n'avoir pas exagéré ce chiffre, — Du reste, l'Etat doit connaître le chiffre exact.

(5) Ce chiffre est loin, très-loin, de représenter le revenu des capitaux engagés dans l'industrie agricole. — Dès 1850, le chiffre des capitaux engagés dans cette industrie était porté comme variant de 80 à 100 millards, soit une moyenne de 90 millards, et leur revenu annuel comme variant de 6 à 7 millards. (Dans ce dernier chiffre, le seul produit de la race bovine entrait pour 1.895.000.000.) — A la même époque, suivant Mac-Qeen, le capital affecté au même emploi en Angleterre s'élevait à 82 millards, à peu près comme en France. Dix-sept ans plus tard (en 1867), les revenus des terres soumis à l'income tax se sont élevés :
En Angleterre à . . 8.201.561.000
En Irlande à. . . . 635.362.000
En Ecosse à 826.485.000

Ensemble. . . 9.663.408.000
De ce fait nous pouvons conclure, sans témérité, qu'en France nous trouverons là une matière imposable de 8 milliards.

— ÉTAT C. —

MODÈLE DU ROLE (Simplement donné comme démonstration).

NOMS, PRÉNOMS ET PROFESSION DES CONTRIBUABLES. DOMICILE	REVENUS IMPOSÉS (A)	IMPOT DÉTAIL PAR NATURE	IMPOT TOTAL EN PRINCIPAL	CENTIMES ADDITIONNELS Départements	CENTIMES ADDITIONNELS Communes	TOTAL PAR ARTICLE	NUMÉRO DES RECETTES	DATE DES RECETTES	MONTANT DES RECETTES	OBSERVATIONS DIVERSES
Art. 1. MARIUS (Antoine), marié à . . . . demeurant rue St-Pierre, 17, à Crouy, banquier.								1877		
Avertissement.		» 5					1	20 janv.	1140 05	
(A) Capitaux placés ou exploités :							107	10 avril	1140 »	
Immeubles.	2.400						611	15 juillet	1140 »	
Meubles.	15.000						700	20 octob.	900 »	
Revenu imposé à 10 p. 100.	17.400	1740 »					1100	15 déc.	240 »	
Revenu provenant de sa profession imposée à 6 p. 100.	25.000	1300 »							4560 05	Les contribuables à son service ont payé leur cote.
		3040 05								
(B) A déduire « 20ᵉ pour mineur.		Néant								
(C) Nᵒˢ du rôle concernant les contribuables à son service : 46, 22, —			3040 05	760 »	760 »	4560 05				
Deux commis : 1° Antoine Alben, commis 2° Eugène Mus. id.										
Art. 2. ORIME (Albert), marié à Antoinette MARTIN, demeurant 6, rue St-Pierre, à Crouy, commis banquier.										
Avertissement.		» 05					6	6 janv.	40 »	
Capitaux placés ou exploités :							110	4 avril	40 »	
Immeubles.	»	»					620	7 juillet	40 »	
Meubles.	»	»					1200	20 déc.	42 05	
Revenu imposé à 10 p. 100.	»	»								
Revenu provenant de sa profession imposé à 6 p. 100.	2.000	» 05 / 120 »								
		120 05								
A déduire 2/20ᵉ pour 2 mineurs.		12 »	108 05	27 »	27 »	162 05				
Nᵒˢ du rôle concernant les contribuables à son service. . . . . Néant.										
Art. 3.										

— NOTA —

(A) Le détail de chacun de ces revenus serait donné sur la matrice du rôle, suivant la déclaration du contribuable faite au syndicat; du revenu mobilier serait déduit celui provenant de titres émis par des sociétés montées par actions, ou de commandites. (Ces derniers titres seraient indiqués par nombre et nature). La matrice ferait connaître, en outre du revenu vrai, le revenu imposé d'après le chiffre de la répartition incombant à la commune, ce serait ce dernier chiffre qui figurerait au rôle.

(B) La matrice du rôle donnerait l'âge et les prénoms des mineurs ou incapables.

(C) La matrice donnerait les prénoms et domicile de chacun d'eux. Quand le domicile serait établi hors l'arrondissement du bureau dans lequel est fixé celui du patron, avis en serait donné au bureau des recettes du domicile de l'employé. Le bureau de ce dernier domicile, en cas de retard dans le payement de l'impôt échu, aviserait celui du domicile du patron.

(D) Dans cette colonne seraient annotés : les diligences faites pour le recouvrement de l'article, les frais de poursuites, la libération des employés.

La déclaration de chaque contribuable, et la matrice du rôle, seraient donc faites en conséquence des divers renseignements que nous venons de rappeler.

— ÉTAT D —

Conséquences de la réforme demandée, au point de vue du personnel administratif : 1° comme *nombre d'employés* ; 2° comme *dépenses*.

1° NOMBRE

Le personnel est aujourd'hui :

Pour l'administration des contributions directes. . . . . 6,500 ⎫
—   —   —   indirectes. . . . 12,200 ⎬ 22,400
—   de l'enregistrement . . . . 3,700 ⎭

(Non compris : les receveurs généraux, les receveurs particuliers, les conservateurs des hypothèques.)

2° DÉPENSES

Le personnel de nos diverses administrations financières coûte, d'après le rapport qui accompagne le budget de 1877, le 5,95 p. 100 des recettes effectuées. Or ces recettes s'élèvent :

Pour les contributions directes. . . . . . 398,000,000 ⎫
—   indirectes. . . . . 715,000,000 ⎬ 1,748.000,000
Pour l'enregistrement. . . . . 634.000,000 ⎭

Dont le 5,95 p. 100 est de. 104,000,000

Même en déduisant de cette somme la totalité des dépenses
     figurant au budget pour frais de trésorerie (1). 8,200,000

Cette dépense resterait pour. 95,800.000

Voyons maintenant ce que serait, à ce double point de vue, le personnel de l'administration de l'impôt direct sur le revenu et de l'enregistrement.

SERVICE DES DÉPARTEMENTS

95 directeurs, divisés en 3 classes, Traitement moyen de 10,000 fr. ci				950,000
95 sous-directeurs	—	—	7,000	665,000
95 premiers commis	—	—	2,500	237,500
200 inspecteurs	—	—	5,500	1,100,000
800 vérificateurs-contrôl.	—	—	3,500	2,800,000
5000 receveurs, divisés en 5 classes,		—	4,000	20,000,000
2000 receveurs-contrôl. 3 —		—	2,500	5,000,000
1000 commis d'ordre et de comptabilité, divisés en 3 classes.		—	2,000	2,000,000
				32,752,500

FRAIS DE BUREAU ET DE TOURNÉE :

Directeurs	Chiffre moyen	3,000	285,000	⎫
Inspecteurs	—	1,000	95,000	⎬ 1,860,000
Vérificateurs-contrôleurs	—	600	480,000	
Receveurs-contrôleurs	—	500	1,000,000	⎭
9285				34,612,500

(1) Service qu'il serait si facile et si économique de confier à la Banque de France.

ADMINISTRATION CENTRALE

L'administration centrale actuelle de l'enregistrement serait augmentée seulement d'une nouvelle division.

Son personnel serait porté à

115 employés, pour une dépense de.   300,000

       (L'administration centrale actuelle des contributions indirectes, dont le personnel des départements occupe 12,200 agents, ne compte que 107 employés).

9285 . . . . Report du service des départements. . .   34,612,500

9400   34,912,500

Soit en chiffre rond :

1° Un personnel de. . . . 9,500 employés, coûtant.   35,000,000

Pour remplacer. . . . 22,400   —   —   95,800,000

Soit donc à supprimer. . . . . 12,900 employés, et faire sur les dépenses une économie de (chiffre rond).   60,000,000

Alors même que la moitié de cette somme serait consacrée à payer des traitements de réforme au personnel non conservé, l'économie serait encore de. 30,000.000

N. B.

— Vous remarquerez 95 directions demandées, nombre supérieur à celui des départements.

Le but de cette proposition est de mettre tous les directeurs à même de diriger, toujours avec parfaite connaissance de cause, le service important dont ils seraient chargés.

Dans notre pensée, il y aurait :

Dans le département de la Seine. . . . . . .   5 directions.

       —   du Rhône.   2   —

       —   de la Gironde.   2   —

       —   des Bouches-du-Rhône.   2   —

       —   de la Seine-Inférieure.   2   —

       —   du Nord.   2   —

PARIS. — IMP. VICTOR GOUPY, 71, RUE DE RENNES.